NEW

재미있는 일본어 글자쓰기

ひらがな ちゃん
カタカナ くん

히라가나짱 가타카나군

JPLUS

머리말

   일본어로 된 문서나 책을 보면 가장 많이 보이는 글자가 히라가나와 한자, 그리고 가타카나입니다. 일본어 글자는 우리말처럼 자음과 모음이 만나서 한 음절을 이루는 것이 아니라 글자 하나가 한 음을 내는 것이 특징입니다. 그래서 보통 발음할 때도 글자 하나하나를 또박또박 읽어줍니다.

   히라가나는 한글처럼 일반적으로 쓰는 글자이고, 가타카나는 주로 외래어를 표기할 때 씁니다. 요즘은 외래어가 많이 쓰이고 있어 잡지나 간판 등에는 가타카나가 특히 눈에 많이 띕니다. 히라가나와 가타카나는 발음은 같고 글자 형태만 다르기 때문에 50음도라고 불리는 글자를 익히면 됩니다.

   글씨를 쓸 때는 히라가나는 동글동글하고 예쁘게, 가타카나는 한자 쓰듯이 각이 지게 쓰는 것이 요령입니다. 일본에서는 세로쓰기를 학교에서 가르치기 때문에, 이 책에서는 의도적으로 세로 쓰기와 가로쓰기를 혼용하였습니다.

   전체적인 구성은 히라가나편과 가타카나편으로 나누고 각 행마다 글자 익히기, 중간확인연습, 관련어휘 익히기, 실제로 쓰여진 일본의 광고 등에서 글자 알아보기 등으로 구성되어 있습니다. 마지막의 연습문제 부분은 종합적으로 히라가나와 가타카나를 잘 익혔는지도 확인하고 더불어 어휘력도 키울 수 있도록 꾸몄습니다.

   특히 활자체로는 익숙하지만, 실제로 어떻게 써야 하는지 잘 모르는 경우가 많아, 일본 사람이 쓴 글씨체로 연습할 수 있도록 편집한 것도 특징이라 할 수 있습니다.

   부디 이 책이 일본어 학습의 든든한 디딤돌이 되기를 바랍니다.

기획편집부

차례

ひらがな

あ	か	さ	た	な
あし	かさ	さけ	たい	なし
い	き	し	ち	に
いえ	きん	しお	ちず	にじ
う	く	す	つ	ぬ
うし	くり	すし	つき	いぬ
え	け	せ	て	ね
つえ	いけ	せみ	てつ	ねこ
お	こ	そ	と	の
かお	こま	そり	とり	のり

は	ま	や	ら	わ
はり	まめ	やま	さら	わに
ひ	み	い	り	い
ひげ	みみ		あり	
ふ	む	ゆ	る	う
ふく	むし	ゆき	さる	え
へ	め	え	れ	を
へび	つめ		はれ	を
ほ	も	よ	ろ	ん
ほし	いも	よる	くろ	ほん

カタカナ

ア アイロン	カ カメラ	サ サラダ	タ タオル	ナ ナイフ
イ イギリス	キ キリン	シ シャツ	チ チキン	ニ ニコチン
ウ ウインク	ク クッキー	ス スプーン	ツ パンツ	ヌ カヌー
エ エプロン	ケ ケーキ	セ セール	テ テレビ	ネ ネクタイ
オ オムレツ	コ コップ	ソ ソファー	ト トマト	ノ ノート

ハ ハンカチ	マ マイク	ヤ ヤクルト	ラ ラーメン	ワ ワイン
ヒ コーヒー	ミ ミルク	イ	リ リボン	イ ウ
フ フォーク	ム ライム	ユ ユーカリ	ル ルビー	エ
ヘ ヘルメット	メ メロン	エ	レ レコード	ヲ (현대어에서는 쓰지 않음)
ホ ホテル	モ モップ	ヨ ヨット	ロ ロケット	ン ウォン

7

01

ひらがな

행

☆ 한국어의 '아이우에오'와 같이 발음합니다.

あ	い	う	え	お
あ	い	う	え	お

あ 아

い 이

う 우

え 에

お 오

あし 발 | あし

いえ 집 | いえ

うし 소 | うし

つえ 지팡이 | つえ

かお 얼굴 | かお

あめ 사탕 | め

いか 오징어 | か

うみ 바다 | み

うえ 위 | う

おに 도깨비 | に

11

か 행

★ **か**행 발음은 한국어의 '까끼꾸께꼬'나 '카키쿠케코'소리보다 더 부드럽게 발음합니다.

か	き	く	け	こ
か	き	く	け	こ

か カ

き キ

く ク

け ケ

こ コ

かさ 우산

きん 금

くり 밤

いけ 연못

こま 팽이

かさ

きん

くり

いけ

こま

かい 조개

かき 감

くも 구름

たけ 대나무

こめ 쌀

いか

いか

も

もた

め

✳ 다음 빈칸에 들어갈 글자를 보기에서 골라 써 넣으세요.

지팡이　　우산　　발　　밤　　팽이

연못　　도깨비　　소　　감　　오징어

보기 あ か く う い け こ き え お

위

조개

사탕

구름

쌀

う		め	も	め
	い			

대나무

얼굴

바다

금

집

た	か			
		み	ん	え

행

⭐ 한국어의 '사시스세소'와 같이 발음합니다.

さ	し	す	せ	そ
さ	し	す	せ	そ

| さ 사 |
| し 시 |
| す 스 |
| せ 세 |
| そ 소 |

さけ　술

しお　소금

すし　초밥

せみ　매미

そり　썰매

えさ　먹이

した　혀

いす　의자

あせ　땀

みそ　된장

* そ(1획)와 そ(2획) 둘 다 가능합니다.
서체에 따라 글자모양(획수)이 다른 것 : き, さ, そ

행

☆ 한국어의 '타치츠테토'와 비슷하지만 너무 강하게 발음하지 않도록 합니다.

た	ち	つ	て	と
た	ち	つ	て	と

た タ

ち チ

つ ツ

て テ

と ト

たい 도미

ちず 지도

つき 달

てつ 철

とり 새

たい

ちず

つき

てつ

とり

たこ 문어

もち 찹쌀떡

つの 뿔

てき 적

まと 과녁

こも

この

きま

✱ 다음 빈칸에 들어갈 글자를 보기에서 골라 써 넣으세요.

찹쌀떡   새   술   매미   달

も				
	り	け	み	き

문어   초밥   썰매   적   소금

こ	し	り	き	お

보기 そ ち し た さ と て せ す つ

땀

된장

먹이

지도

뿔

あ		み		え					
						ず		の	

혀

철

의자

과녁

도미

				い		ま			
た		つ						い	

행

🌟 한국어의 '나니누네노'와 같이 발음합니다.

な	に	ぬ	ね	の
な	に	ぬ	ね	の

な　나
に　니
ぬ　누
ね　네
の　노

なし　배

なし

なす　가지

にじ　무지개

にじ

かに　게

いぬ　개

いぬ

ぬの　천

ねこ　고양이

ねこ

たね　씨

のり　풀

のり

おの　도끼

すか

のた

お

は 행

☆ 한국어의 '하히후헤호'와 같이 발음합니다.

は	ひ	ふ	へ	ほ
は	ひ	ふ	へ	ほ

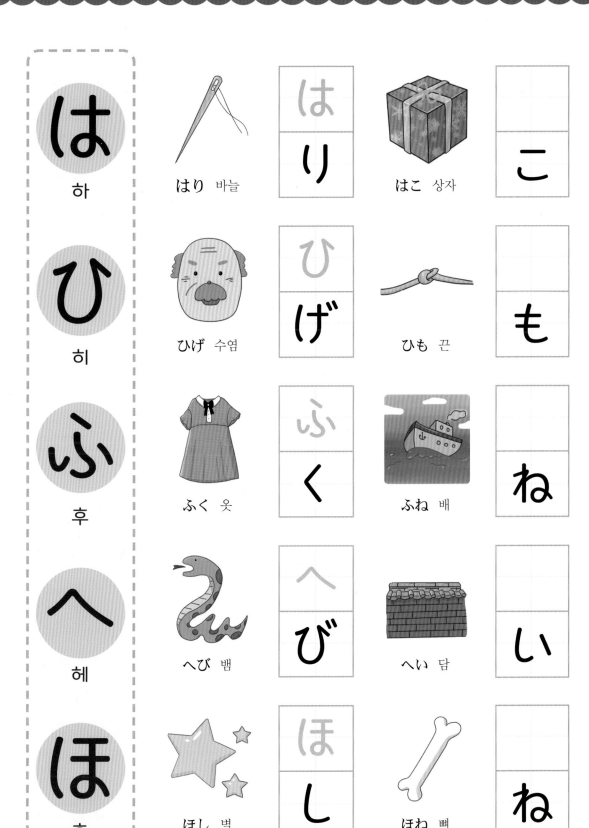

は 하

ひ 히

ふ 후

へ 헤

ほ 호

はり　바늘
はり
はこ　상자
こ

ひげ　수염
ひげ
ひも　끈
も

ふく　옷
ふく
ふね　배
ね

へび　뱀
へび
へい　담
い

ほし　별
ほし
ほね　뼈
ね

25

✳ 다음 빈칸에 들어갈 글자를 보기에서 골라 써 넣으세요.

별	풀	무지개	옷	상자
し	り	じ	く	こ

개	끈	배	뱀	고양이
い	も	し	び	こ

26

ぬ な は に へ ほ ひ の ふ ね

도끼

가지

배

게

수염

お			か	
	す	ね		げ

씨

뼈

천

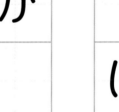
바늘

담

た				
	ね	の	り	い

행

★ 한국어의 '마미무메모'와 같이 발음합니다.

ま	み	む	め	も
ま	み	む	め	も

ま 마	まめ 콩	まめ	まど 창문	ど
み 미	みみ 귀	みみ	みせ 가게	せ
む 무	むし 벌레	むし	むち 채찍	ち
め 메	つめ 손톱	つめ	かめ 거북이	か
も 모	いも 고구마	いも	もも 복숭아	も

행

⭐ 한국어의 '야유요'와 같이 발음합니다.

や	い	ゆ	え	よ
や	い	ゆ	え	よ

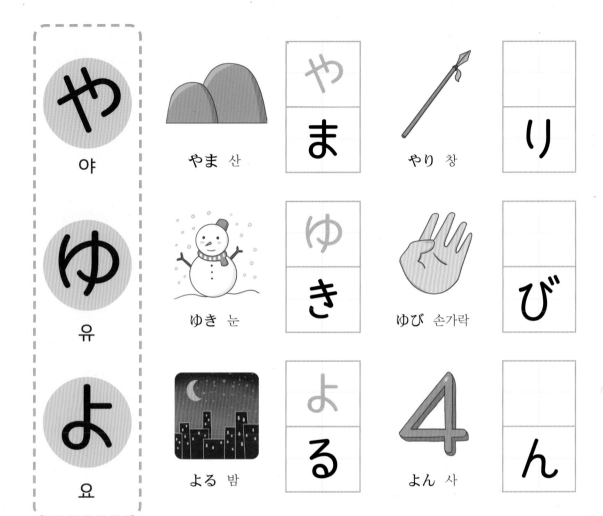

や 야	やま　산	や ま
ゆ 유	ゆき　눈	ゆ き
よ 요	よる　밤	よ る

やり　창　り

ゆび　손가락　び

よん　사　ん

광고로 익히는 일본어

うめ

「うめ」는 '매실', 음료수 이름입니다.
이밖에도 일본에는 매실로 만든 사탕, 과자, 껌 등이
있습니다.

✳ 다음 빈칸에 들어갈 글자를 보기에서 골라 써 넣으세요.

손톱   복숭아   콩   밤   귀

つ				
	も	め	る	み

고구마   벌레   눈   거북이   산

い			か	
	し	き		ま

보기　むやみまもゆめよ

| 손가락 | 채찍 | 사 | 창문 | 가게 |

び　ち　ん　ど　せ

창

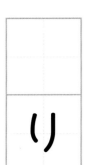

り

광고로 익히는 일본어

もてもて

「もてもて」는 '인기가 있다'는 뜻입니다.
사람에게 사랑을 많이 받으라는
의미로 지어진 술이름입니다.

ら행

한국어의 '라리루레로'와 같이 발음합니다. 영어의 r처럼 혀를 굴릴 필요는 없습니다.

ら	り	る	れ	ろ
ら	り	る	れ	ろ

ら 라
り 리
る 루
れ 레
ろ 로

さら 접시

さら

てら 절

て

あり 개미

あり

りす 다람쥐

す

さる 원숭이

さる

まる 동그라미

ま

はれ 맑음

はれ

ひれ 지느러미

ひ

くろ 까만색

くろ

ろば 당나귀

ば

わ 행 · ん

✿ 차례대로 '와 오 응'으로 발음합니다. 목적격 조사 '을/를'로만 쓰입니다.

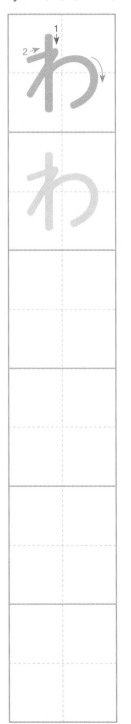

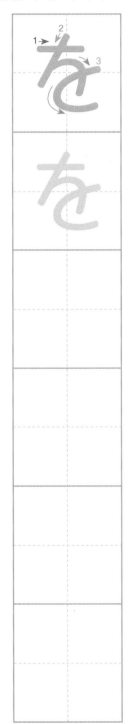

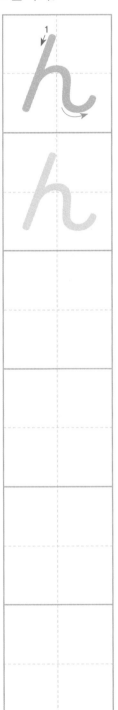

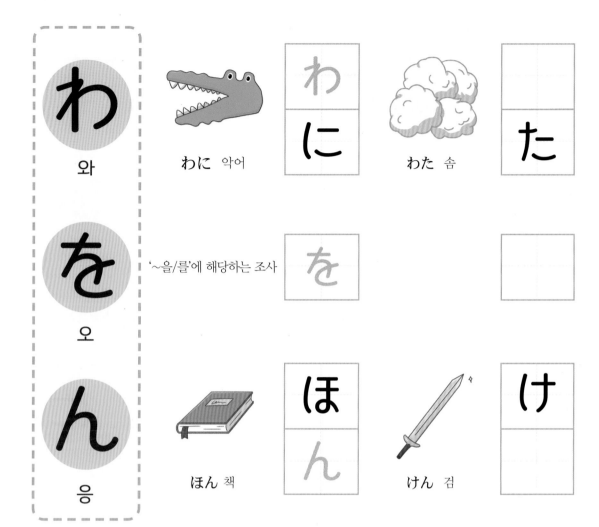

わ 와

を 오

ん 응

わに 악어

わ
に

わた 솜

た

'〜을/를'에 해당하는 조사

を

ほん 책

ほ
ん

けん 검

け

광고로 익히는 일본어

ねこまんま

「まんま」는 '밥'이라는 뜻이므로
'고양이 사료'를 뜻합니다.

확인학습 ら·わ·ん

✱ 다음 빈칸에 들어갈 글자를 보기에서 골라 써 넣으세요.

원숭이	까만색	다람쥐	맑음	악어
さ	く		は	
		す		に

절	솜	책	개미	접시
て		ほ	あ	さ
	た			

보기	ん わ り ろ を ら れ る

동그라미

당나귀

검

지느러미

ま		け	ひ
	ば		

광고로 익히는 일본어

からかもん

맵게 간을 한 채소식품의 이름입니다.
「からかもん」은 「からいもの(매운 것)」의
남쪽 지방 사투리입니다.

잘못 쓰기 쉬운 글자

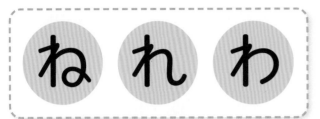

차례대로 '네 / 레 / 와' 입니다.

* 맞는 글자를 찾아 보세요.

① ねこ　　② れこ　　③ わこ

は는 '하', ほ는 '호'입니다.
또 ほ를 쓸 때 위로 삐져나오지
않도록 해야 합니다.

* 맞는 글자를 찾아 보세요.

① はし　　② ほし

'메'와 '누'는 혼동하여 잘못 쓰는
경우가 많습니다.

* 맞는 글자를 찾아 보세요.

① つめ　　② つぬ

おねぬ와 같이 고리가 생기는 글자는 고리가 동그랗게 살아 있도록 쓰면 예쁜 글씨가 됩니다.

*맞는 글자를 찾아 보세요.

① いお　　② うね　　③ いぬ

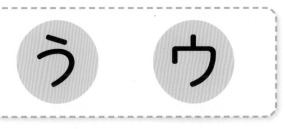

う는 히라가나이고,
ウ는 가타카나입니다.

*맞는 글자를 찾아 보세요.

① うし　　② ウレ

る는 고리가 생기도록 끝을 동그랗게 말아야 하고, ろ는 끝부분을 말지 않습니다.

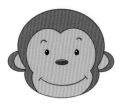

*맞는 글자를 찾아 보세요.

① さる　　② さろ

행

⭐ 한국어의 '가기구게고'와 같이 발음합니다. 탁음표시는 글자 어깨에 「゛」를 달아줍니다.

が	ぎ	ぐ	げ	ご
が	ぎ	ぐ	げ	ご

が	ガ
ぎ	기
ぐ	구
げ	게
ご	고

がか　화가

が
か

けが　상처

け

かぎ　열쇠

か
ぎ

くぎ　못

く

かぐ　가구

か
ぐ

ぐ

かげ　그림자

か
げ

げた　일본 나막신

た

かご　바구니

か
ご

ごま　깨

ま

행

⭐ 한국어의 '자지즈제조'와 같이 발음합니다.

ざ	じ	ず	ぜ	ぞ
ざ	じ	ず	ぜ	ぞ

ざ 자

じ 지

ず 즈

ぜ 제

ぞ 조

ざる　소쿠리

ざ
る

ひざ　무릎

ひ

かじ　화재

か
じ

じこ　사고

こ

みず　물

み
ず

すず　방울

す

かぜ　바람

か
ぜ

ぜ

ぞう　코끼리

ぞ
う

なぞ　수수께끼

な

✳ 다음 빈칸에 들어갈 글자를 보기에서 골라 써 넣으세요.

바구니 　 수수께끼 　 사고 　 소쿠리 　 깨

か	な			
		こ	る	ま

못 　 무릎 　 방울 　 화재 　 화가

く	ひ	す	か	
				か

46

ざぎずぞごがじぐぜげ

보기

코끼리

그림자

가구

물

일본나막신

	か	か	み	み
う				た

열쇠

바람

상처

か	か	け

행

★ 한국어의 '다지즈데도'와 같이 발음합니다.

だ	ぢ	づ	で	ど
だ	ぢ	づ	で	ど

だ
다

ぢ
지

づ
즈

で
데

ど
도

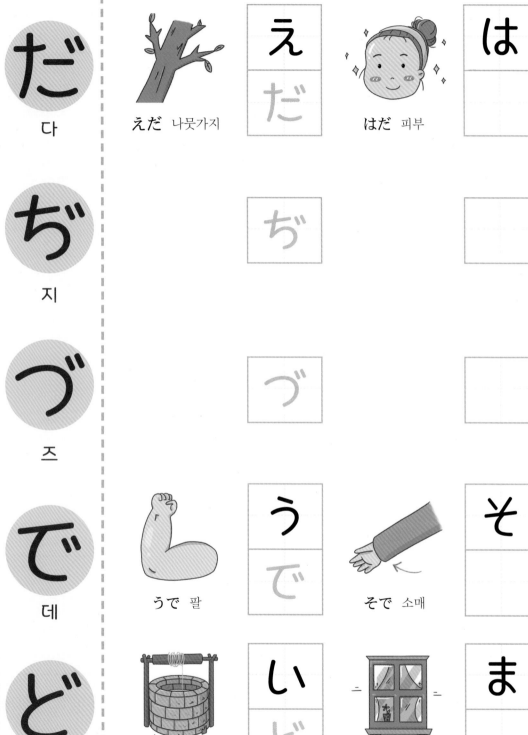

えだ 나뭇가지

え
だ

はだ 피부

は

ぢ

づ

うで 팔

う
で

そで 소매

そ

いど 우물

い
ど

まど 창문

ま

행

☆ 한국어의 '바비부베보'와 같이 발음합니다.

ば	び	ぶ	べ	ぼ
ば	び	ぶ	べ	ぼ

ば 바

び 비

ぶ 부

べ 베

ぼ 보

かば 하마 | かば | そば 메밀국수 | そ
ゆび 손가락 | ゆび | おび 허리띠 | お
ぶた 돼지 | ぶた | ぶき 무기 | き
なべ 냄비 | なべ | かべ 벽 | か
ぼう 막대기 | ぼう | そぼ 할머니 | そ

51

✳ 다음 빈칸에 들어갈 글자를 보기에서 골라 써 넣으세요.

냄비	할머니	팔	창문	메밀국수
な	そ	う	ま	そ

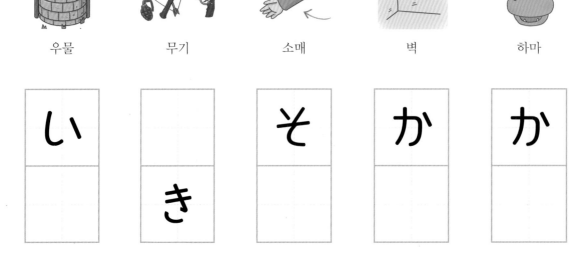

우물	무기	소매	벽	하마
い		そ	か	か
	き			

보기 ぼ で び ば づ ぢ ど ぶ べ だ

막대기 피부 허리띠 나뭇가지 손가락

| | は | お | え | ゆ |
| う | | | | |

돼지

| |
| た |

광고로 익히는 일본어

ごはんですよ!

「ごはんですよ!(식사하세요!)」 라는
소리와 함께 온 가족이 모여
즐거운 식사시간을 가질 수 있도록
지어진 이름입니다.
김을 간장으로 조린 음식.

53

행

☆ 한국어의 '빠삐뿌뻬뽀'와 같이 발음합니다. 글자 위치에 따라 '파피푸페포'로 발음하기도 합니다.

ぱ	ぴ	ぷ	ぺ	ぽ
ぱ	ぴ	ぷ	ぺ	ぽ

ぱ			
빠

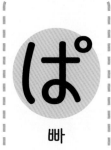
みんぱく　민박

| み | ん | ぱ | く |

| ぴ | | | |
삐

えんぴつ　연필

| え | ん | ぴ | つ |

| ぷ | | | |
뿌

てんぷら　튀김

| て | ん | ぷ | ら |

| ぺ | | | |
뻬

| ぺ | | | |

| ぽ | | | |
뽀

しっぽ　꼬리

| し | っ | ぽ |

✽ 다음 빈칸에 들어갈 글자를 보기에서 골라 써 넣으세요.

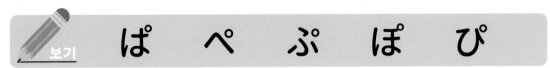

✏ 보기 　ぱ　ぺ　ぷ　ぽ　ぴ

꼬리

연필

튀김

민박

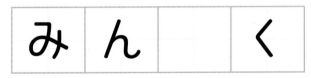

＊ 노래 가사를 보면서 빈칸에 들어갈 글자를 쓰세요.

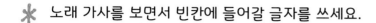

ぞうさん ぞうさん	코끼리야 코끼리야
おはなが ながいのね	코가 길구나
そうよ	그래요
かあさんも ながいのよ	엄마도 길거든요

おはがながいの

さんぞうん

そう

かさんも

ないよ

✳ 일본의 글자놀이입니다. 따라해보세요.

へ	の	へ	の	も	へ	じ

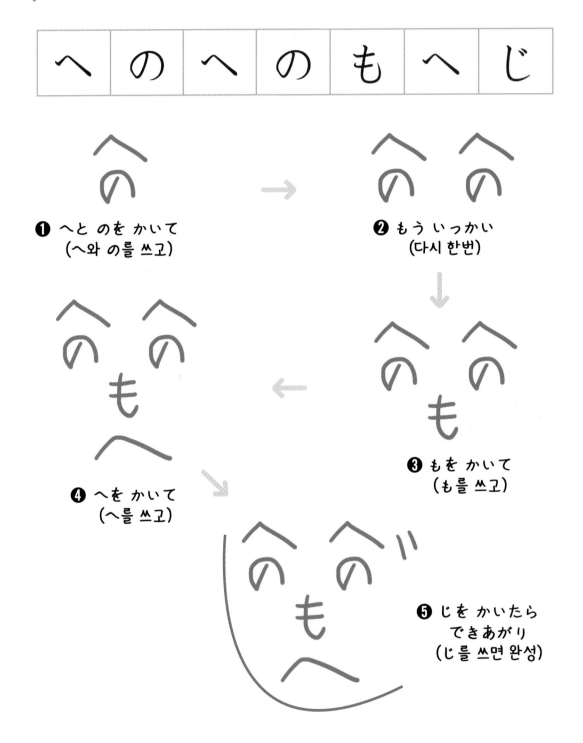

❶ へと のを かいて
(へ와 の를 쓰고)

❷ もう いっかい
(다시 한번)

❸ もを かいて
(も를 쓰고)

❹ へを かいて
(へ를 쓰고)

❺ じを かいたら
できあがり
(じ를 쓰면 완성)

へ		へ	の	へ	

 행

★ き, ぎ, し, じ, ち, に, ひ, び, ぴ, み, り에 や, ゆ, よ를 반크기로 써서 반모음으로 발음합니다.

き	き	き	し	し	し
や	ゆ	よ	や	ゆ	よ
き	き	き	し	し	し
や	ゆ	よ	や	ゆ	よ

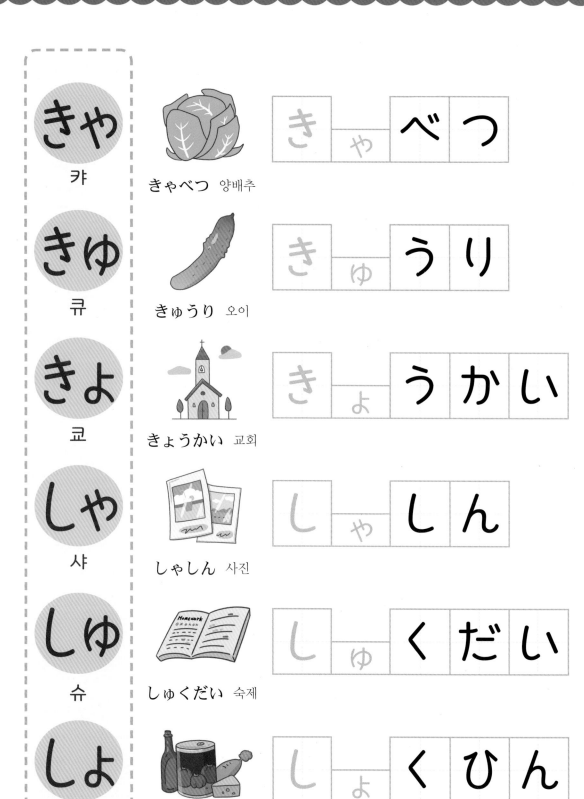

きゃ
캬

きゅ
큐

きょ
쿄

しゃ
샤

しゅ
슈

しょ
쇼

きゃべつ　양배추

きゅうり　오이

きょうかい　교회

しゃしん　사진

しゅくだい　숙제

しょくひん　식품

き ゃ べ つ

き ゅ う り

き ょ う か い

し ゃ し ん

し ゅ く だ い

し ょ く ひ ん

ちゃ にゃ 행

ち	ち	ち	に	に	に
ゃ	ゅ	ょ	ゃ	ゅ	ょ
ち	ち	ち	に	に	に
ゃ	ゅ	ょ	ゃ	ゅ	ょ

ちゃ 챠	ちゃわん　밥그릇	ち ゃ わ ん
ちゅ 츄	ちゅうしゃ　주사	ち ゅ う し ゃ
ちょ 쵸	はくちょう　백조	は く ち ょ う
にゃ 냐	こんにゃく　곤약	こ ん に ゃ く
にゅ 뉴	ぎゅうにゅう 우유	ぎ ゅ う に ゅ う
にょ 뇨	てんにょ　선녀, 여신	て ん に ょ

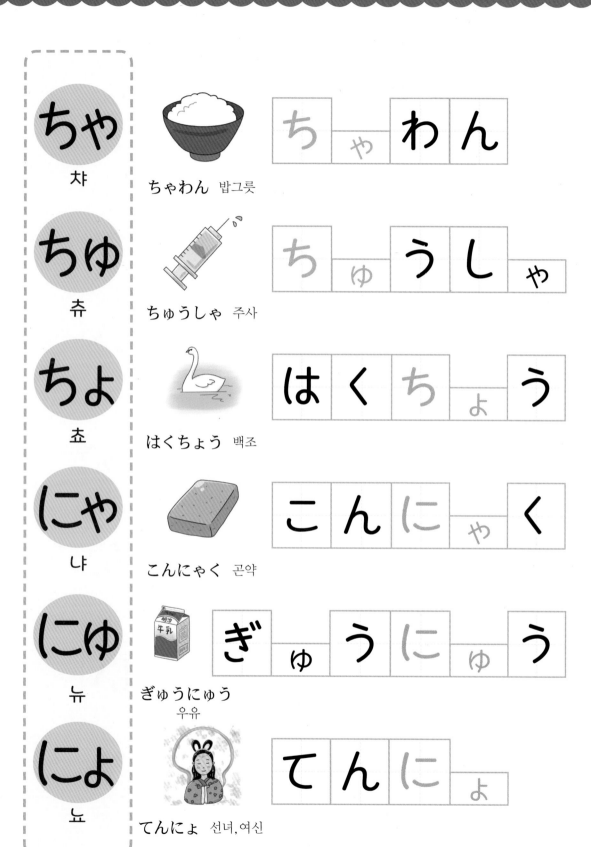

63

✳ 다음 빈칸에 들어갈 글자를 보기에서 골라 써 넣으세요.

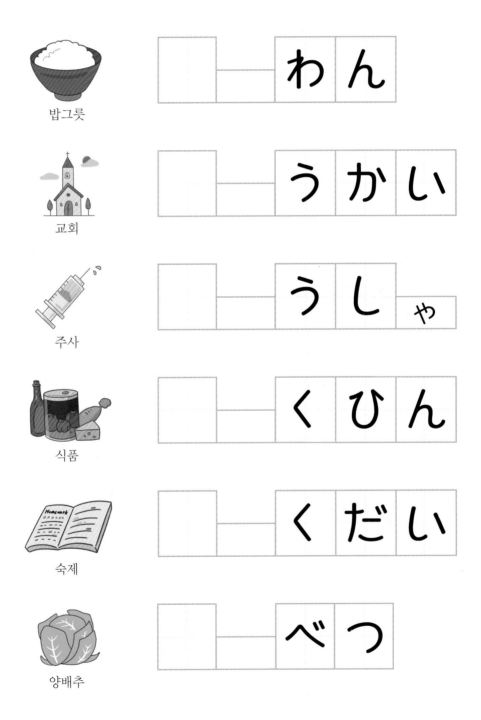

밥그릇 　　□ — わ ん

교회 　　□ — う か い

주사 　　□ — う し ゃ

식품 　　□ — く ひ ん

숙제 　　□ — く だ い

양배추 　　□ — べ つ

보기

きゃ しゃ きゅ にょ しゅ ちょ
にゅ しょ ちゅ きょ ちゃ にゃ

곤약

こ ん 　 く

오이

　 う り

우유

ぎ ゅ う 　 う

백조

は く 　 う

선녀, 여신

て ん

사진

　 し ん

65

ひゃ みゃ 행

ひ	ひ	ひ	み	み	み
や	ゆ	よ	や	ゆ	よ
ひ	ひ	ひ	み	み	み
や	ゆ	よ	や	ゆ	よ

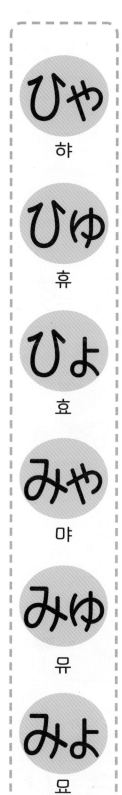

ひゃくえん　백엔

ひょうたん
호리병박

みょうじ　성씨

りゃ 행

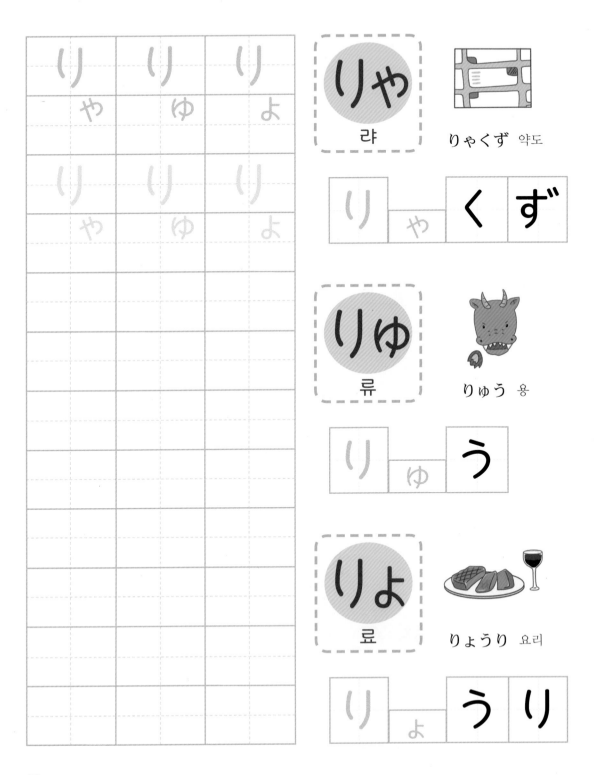

りゃ
랴

りゃくず 약도

り	り
くず	

りゅ
류

りゅう 용

り	う
ゆ	

りょ
료

りょうり 요리

り	うり
よ	

★ 탁음 · 반탁음의 경우 ★

ぎゃ
갸

ぎゅ
규

ぎょ
교

じゃ
쟈

じゅ
쥬

じょ
죠

びゃ
뱌

びゅ
뷰

びょ
뵤

ぴゃ
뺘

ぴゅ
쀼

ぴょ
뾰

じ ょ う ろ

じょうろ　물뿌리개

き ん ぎ ょ

きんぎょ　금붕어

확인학습 ひゃ・みゃ・りゃ행

* 다음 빈칸에 들어갈 글자를 보기에서 골라 써 넣으세요.

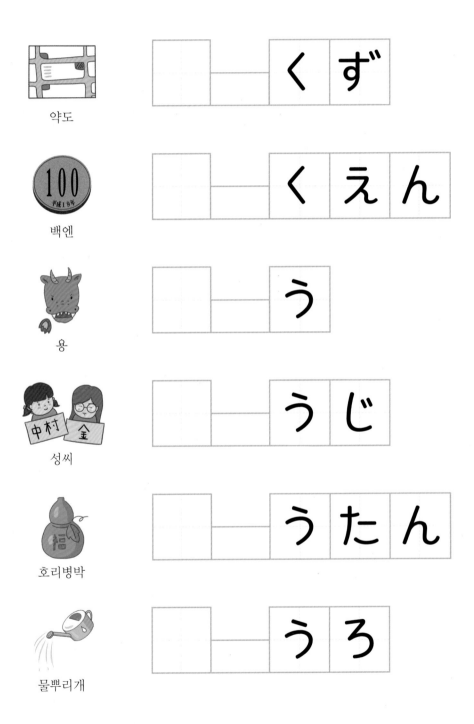

약도 □ — くず

백엔 □ — くえん

용 □ — う

성씨 □ — うじ

호리병박 □ — うたん

물뿌리개 □ — うろ

보기

みょ　ひゃ　りゅ　ひょ
ぎょ　りょ　りゃ　じょ

금붕어

き	ん		

요리

		う	り

광고로 익히는 일본어

じゃらん

「じゃらん」은 인도네시아어로 '도정(道程)', '여행하다'라는 뜻입니다.
국내·해외 등 여러가지 여행정보가 게재된 잡지 이름입니다.

⭐ つ를 반크기로 작게 써서 ㅅ과 같은 받침역할을 합니다.

	つ
	つ

きって 우표

き | っ | て

ばった 메뚜기

ば | っ | た

しっぽ 꼬리

し | っ | ぽ

てっぽう 총

て | っ | ぽ | う

せっけん 비누

せ | っ | け | ん

がっこう 학교

が | っ | こ | う

✿ 앞글자의 모음을 한 박자 길게 발음합니다. 가타카나로는 「ー」로 표기합니다.

長音	·あ단의 장음 … あ	·い단의 장음 … い
	·う단의 장음 … う	·え단의 장음 … え/い
	·お단의 장음 … お/う	

こおり　얼음

こ	お	り

おおかみ　늑대

お	お	か	み

おとうと　남동생

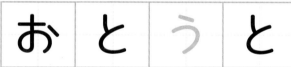

お	と	う	と

おかあさん　어머니

お	か	あ	さ	ん

おねえさん　언니,누나

お	ね	え	さ	ん

73

✱ 노래 가사를 보면서 빈칸에 들어갈 글자를 쓰세요.

だるまさん だるまさん	달마(상) 달마(상)
にらめっこしましょ	서로 노려봅시다
わらうと まけよ	웃으면 지는 거예요
あっぷっぷ	압뿌뿌

ま さ ん だ る さ ん

め っ こ ま し

ら う と け よ

あ っ っ ぷ

02

연습문제

✳ 글씨본을 보면서 써 봅시다.

あ
し
발

い
か
오징어

に
ほ
ん
일본

田中信一
이름

な
ま
え

せ
っ
け
ん

비누

늑대

お
お
か
み

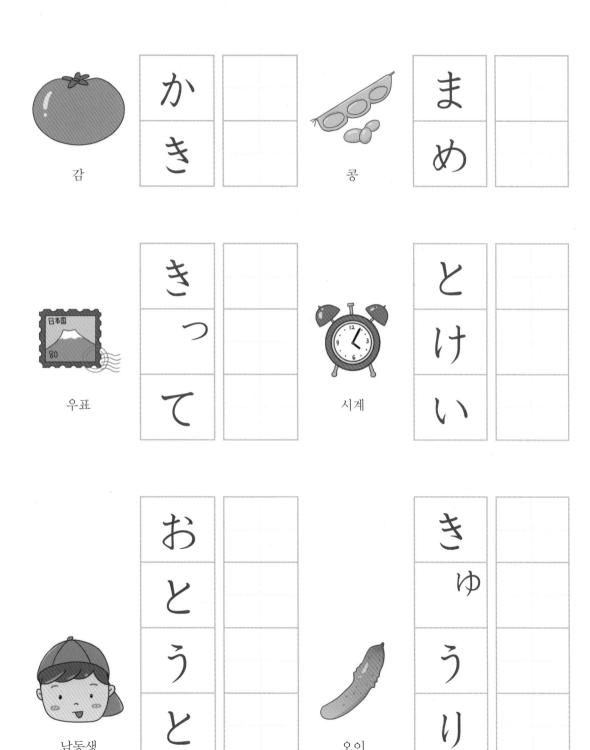

감 かき

콩 まめ

우표 きって

시계 とけい

남동생 おとうと

오이 きゅうり

책

ほん

밤

くり

거울

かがみ

불꽃놀이

はなび

필통

ふでばこ

민들레

たんぽぽ

78

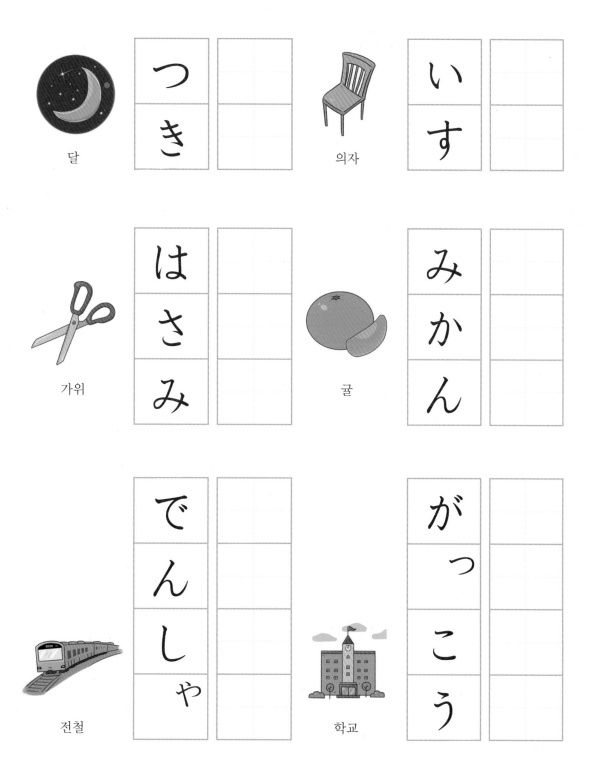

つき
달

いす
의자

はさみ
가위

みかん
귤

でんしゃ
전철

がっこう
학교

✽ 히라가나를 순서대로 읽으면서 선을 이어 보세요.

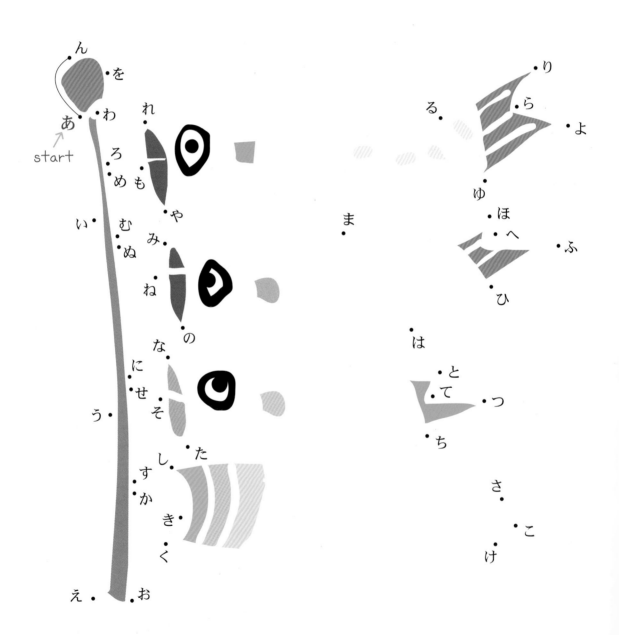

끝말잇기

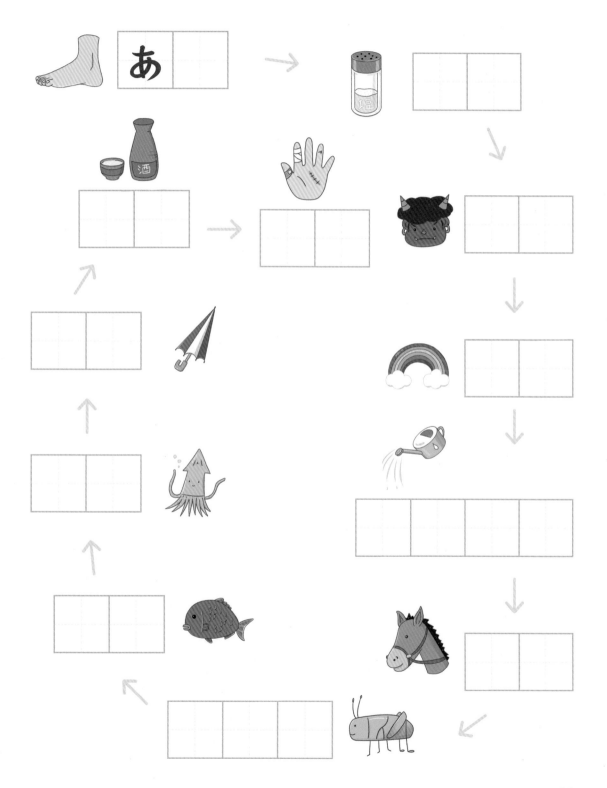

✳ 한 글자로 된 단어는 어떤 것이 있을까요?

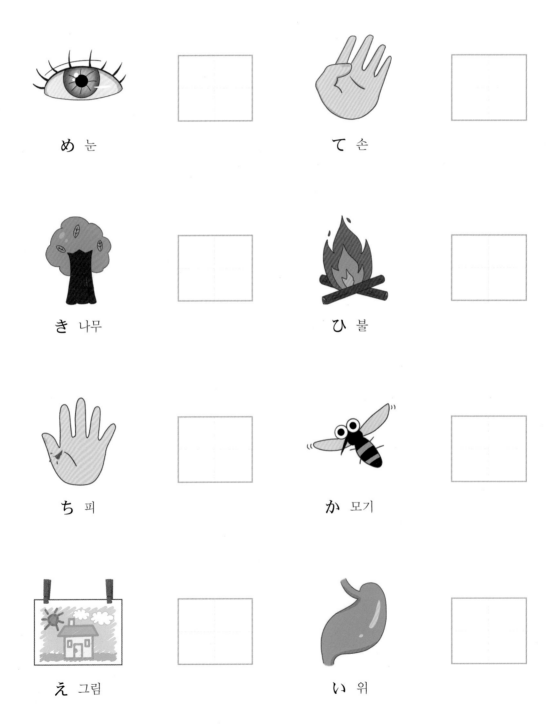

め 눈

て 손

き 나무

ひ 불

ち 피

か 모기

え 그림

い 위

82

✳ 두 글자로 된 단어는 어떤 것이 있을까요?

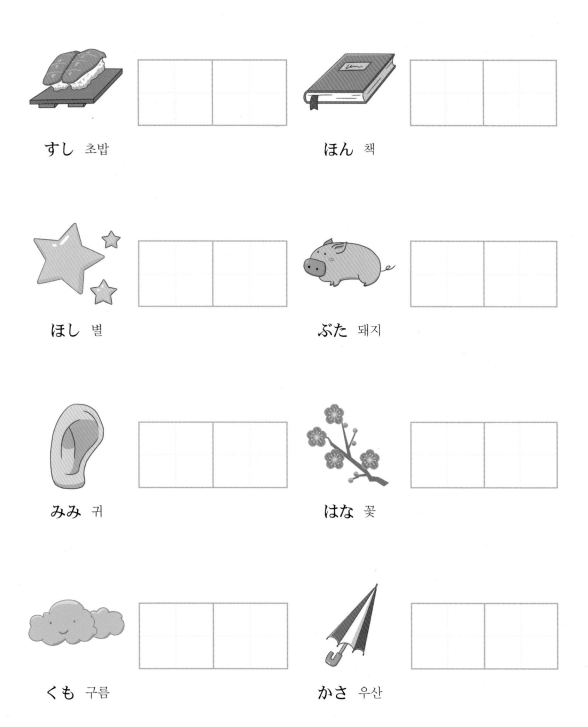

すし 초밥

ほん 책

ほし 별

ぶた 돼지

みみ 귀

はな 꽃

くも 구름

かさ 우산

연습문제

* 세 글자로 된 단어는 어떤 것이 있을까요?

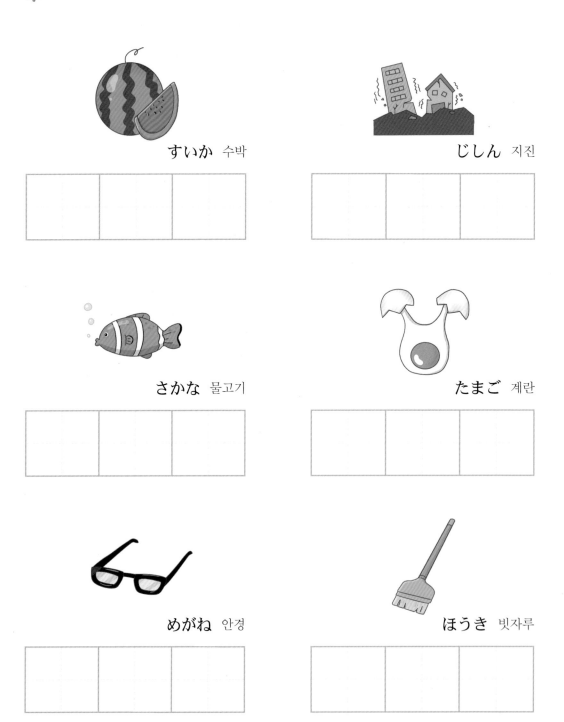

すいか 수박

じしん 지진

さかな 물고기

たまご 계란

めがね 안경

ほうき 빗자루

＊ 네 글자로 된 단어는 어떤 것이 있을까요?

たんぽぽ 민들레

ともだち 친구

たいふう 태풍

がっこう 학교

✱ 다섯 글자로 된 단어는 어떤 것이 있을까요?

ゆきだるま 눈사람

せんぷうき 선풍기

れいぞうこ 냉장고

✳ 여섯 글자로 된 단어는 어떤 것이 있을까요?

てんとうむし 무당벌레

とうもろこし 옥수수

こくごじてん 국어사전

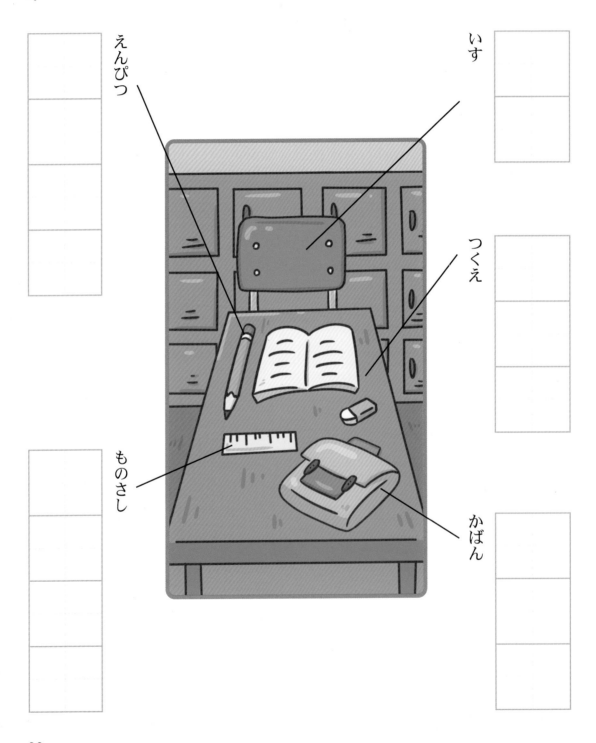

단어 익히기

✳ 교실

えんぴつ

いす

つくえ

ものさし

かばん

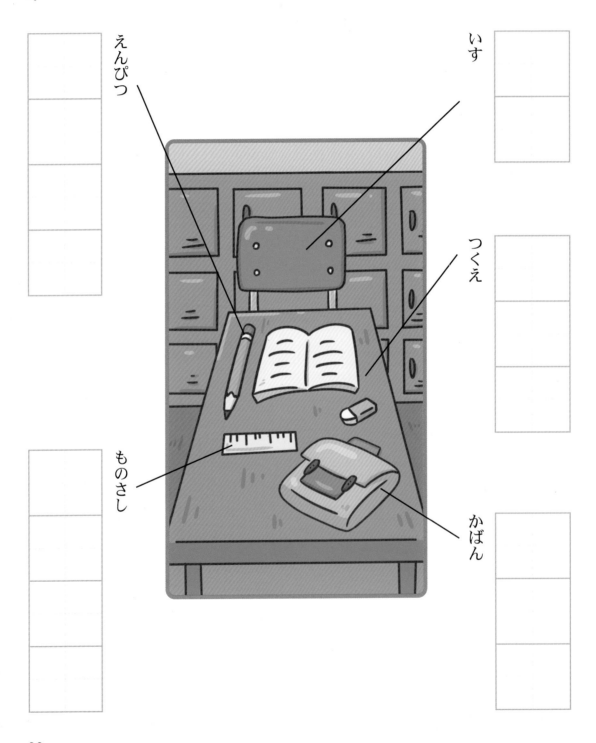

✻ 동물

きりん

さる

うさぎ

とり

ぞう

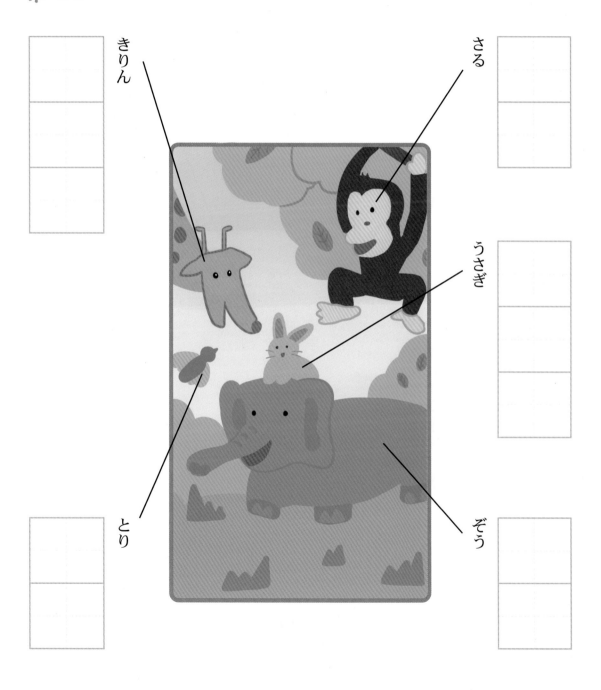

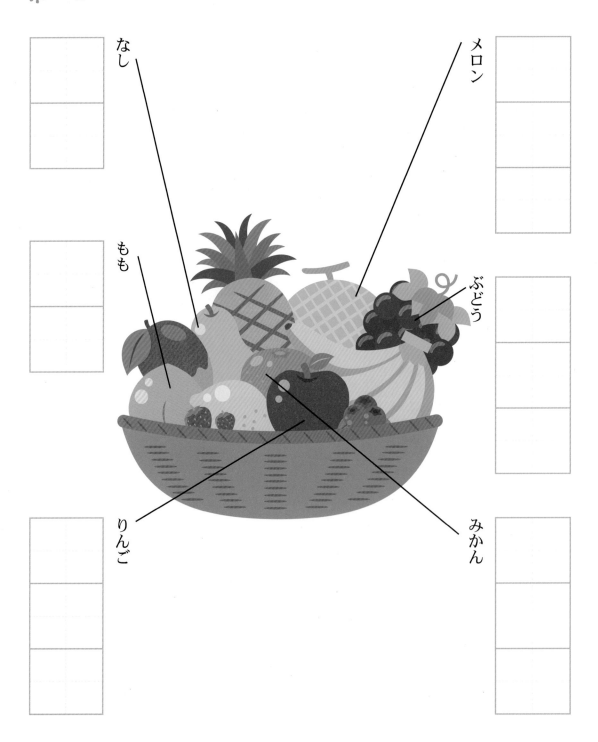

연습문제

✳ 과일

なし

メロン

もも

ぶどう

りんご

みかん

신체

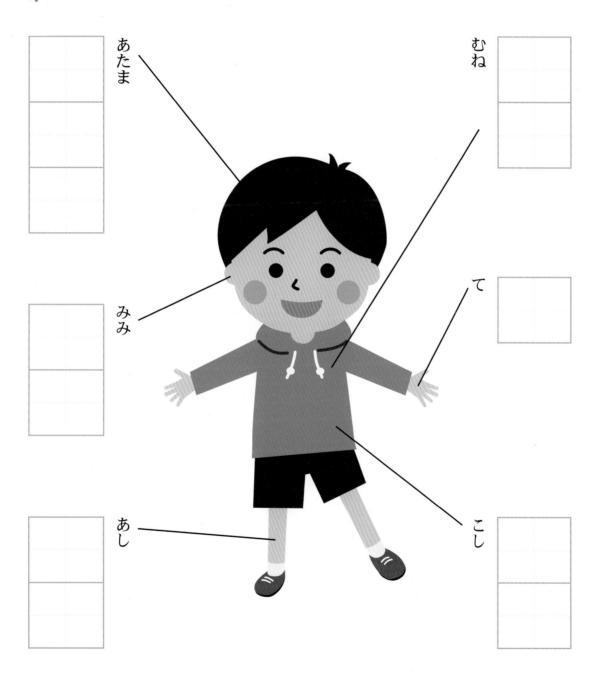

あたま

みみ

あし

むね

て

こし

연습문제

✳ 날씨

はれ

あめ

くもり

ゆき

＊　계절

はる

なつ

あき

ふゆ

길 찾기

✳ 바르게 표시된 단어를 찾아가 보세요.

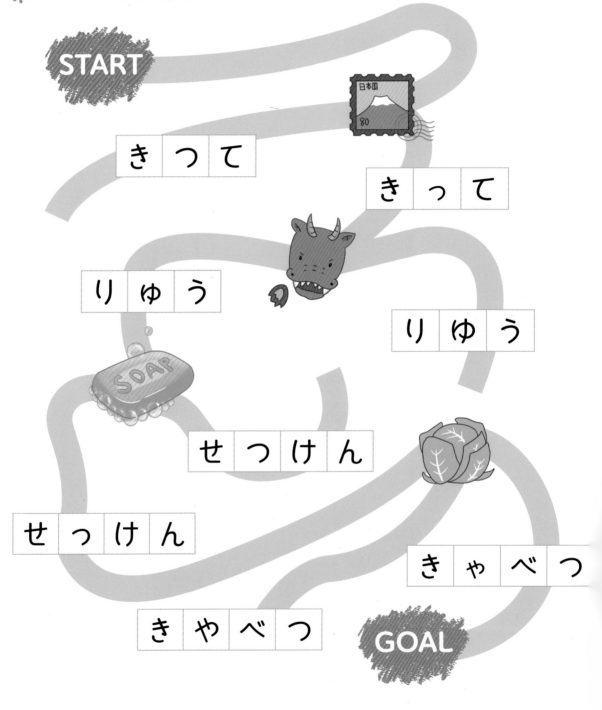

START

きって

きって

りゅう

りゆう

せっけん

せっけん

きゃべつ

きやべつ

GOAL

✳ 바르게 표시된 단어를 찾아가 보세요.

START

こうり

こおり

おおかみ

おうかみ

おとおと

おとうと

おねえさん　おねいさん

GOAL

표 만들기

✳ 다음 빈칸을 채워 히라가나표를 완성하세요.

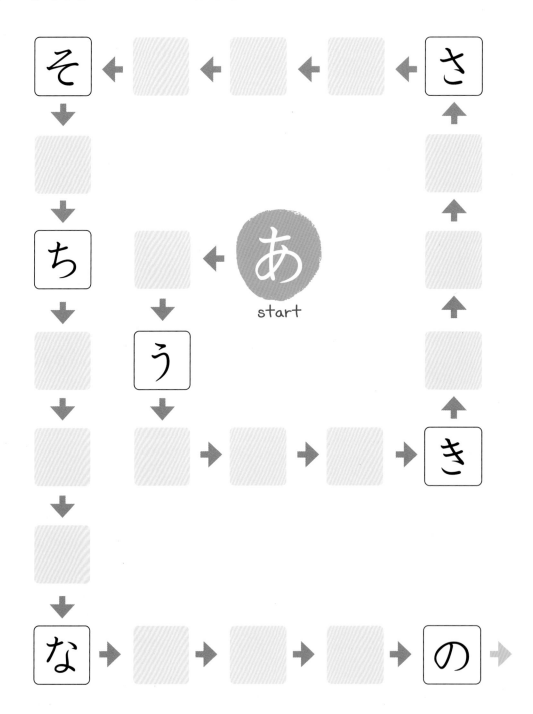

96

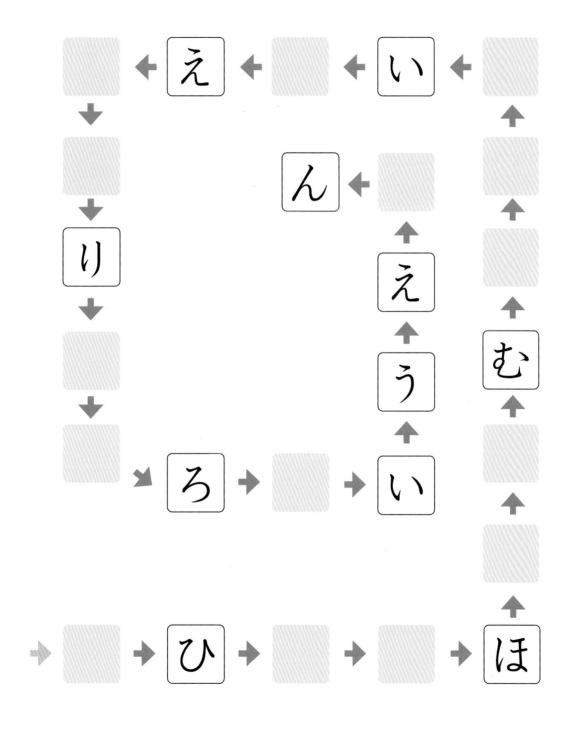

아침인사

아침인사는
おはようございます。라고
합니다.
친구끼리 또는 윗사람은
아랫사람에게 おはよう。
까지만 말해도 됩니다.

お	は	よ	う

	ご	ざ	い	ま	す	。

낮인사

낮인사는 높임말과 보통말이
따로 구분이 없이 쓰입니다.

こ	ん	に	ち	は	。

저녁인사

저녁에 만났을 때의 인사말입니다.
こんにちは와 마찬가지로
윗사람에게나 친구끼리나 모두
쓸 수 있는 말입니다.

こ	ん	ば	ん	は	。

03

カタカナ

행

⭐ 가타카나 발음은 히라가나와 같고 주로 외래어를 표기할 때 씁니다.

ア	イ	ウ	エ	オ
ア	イ	ウ	エ	オ

ア（아）
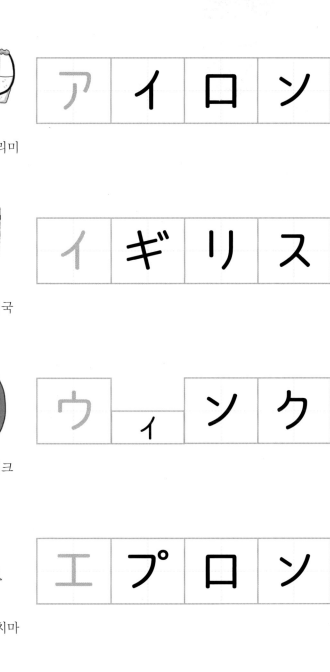

アイロン　다리미

| ア | イ | ロ | ン |

イ（이）

イギリス　영국

| イ | ギ | リ | ス |

ウ（우）

ウインク　윙크

| ウ | ィ | ン | ク |

エ（에）

エプロン　앞치마

| エ | プ | ロ | ン |

オ（오）

オムレツ　오믈렛

| オ | ム | レ | ツ |

力 행

カ	キ	ク	ケ	コ
カ	キ	ク	ケ	コ

カ カ

カメラ 카메라

カ メ ラ

キ キ

キリン 기린

キ リ ン

ク ク

クッキー 쿠키

ク ッ キ ー

ケ ケ

ケーキ 케익

ケ ー キ

コ コ

コップ 컵

コ ッ プ

ア·カ행

＊ 다음 빈칸에 들어갈 글자를 보기에서 골라 써 넣으세요.

카메라

│ メ │ ラ

윙크

│ │ イ │ ン │ ク

컵

│ │ ッ │ プ

앞치마

│ プ │ ロ │ ン

영국

│ ギ │ リ │ ス

보기 | イ オ ク エ キ ア カ ウ ケ コ

케익

| | ー | キ |

다리미

| | イ | ロ | ン |

쿠키

| | ッ | キ | ー |

기린

| | リ | ン |

오믈렛

| | ム | レ | ッ |

サ 행

サ	シ	ス	セ	ソ
サ	シ	ス	セ	ソ

サ
사

サラダ　샐러드

サ	ラ	ダ

シ
시

シャツ　셔츠

シ	ャ	ツ

ス
스

スプーン　숟가락

ス	プ	ー	ン

セ
세

セール　세일

セ	ー	ル

ソ
소

ソファー　소파

ソ	フ	ァ	ー

행

タ チ ツ テ ト

タ チ ツ テ ト

タ
타

タオル　수건

| タ | オ | ル |

チ
치

チキン　치킨

| チ | キ | ン |

ツ
츠

パンツ　팬티

| パ | ン | ツ |

テ
테

テレビ　텔레비전

| テ | レ | ビ |

ト
토

トマト　토마토

| ト | マ | ト |

✳ 다음 빈칸에 들어갈 글자를 보기에서 골라 써 넣으세요.

수건

	オ	ル

치킨

	キ	ン

숟가락

	プ	ー	ン

 SALE

세일

	ー	ル

셔츠

	ャ	ツ

ン チ シ タ サ ト テ セ ス ツ

샐러드

	ラ	ダ

텔레비전

	レ	ビ

팬티

パ	ン	

소파

	フ	ァ	ー

토마토

	マ	ト

113

ナ행

ナ	二	ヌ	ネ	ノ
ナ	二	ヌ	ネ	ノ

ナ 나

ナイフ 칼

| ナ | イ | フ |

ニ 니

ニコチン 니코틴

| ニ | コ | チ | ン |

ヌ 누

カヌー 카누

| カ | ヌ | ー |

ネ 네

ネクタイ 넥타이

| ネ | ク | タ | イ |

ノ 노

ノート 노트

| ノ | ー | ト |

115

ハ행

ハ ヒ フ ヘ ホ

ハ ヒ フ ヘ ホ

ハ
하

ハンカチ　손수건

| ハ | ン | カ | チ |

ヒ
히

コーヒー　커피

| コ | ー | ヒ | ー |

フ
후

フォーク　포크

| フ | ォ | ー | ク |

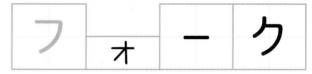

ヘ
헤

ヘルメット　헬멧

| ヘ | ル | メ | ッ | ト |

ホ
호

ホテル　호텔

| ホ | テ | ル |

✱ 다음 빈칸에 들어갈 글자를 보기에서 골라 써 넣으세요.

칼

	イ	フ

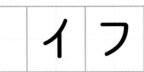
넥타이

	ク	タ	イ

카누

カ	ー

손수건

	ン	カ	チ

호텔

	テ	ル

보기　ヌ ナ ハ ニ ヘ ホ ヒ ノ フ ネ

노트

	ー	ト

니코틴

	コ	チ	ン

커피

コ	ー		ー

포크

	ォ	ー	ク

헬멧

	ル	メ	ッ	ト

行

マ ミ ム メ モ

マ ミ ム メ モ

マ	イ	ク

マイク　마이크

ミ	ル	ク

ミルク　밀크

ラ	イ	ム

ライム　라임

メ	ロ	ン

メロン　멜론

モ	ッ	プ

モップ　대걸레

ヤ행

ヤ	イ	ユ	エ	ヨ
ヤ	イ	ユ	エ	ヨ

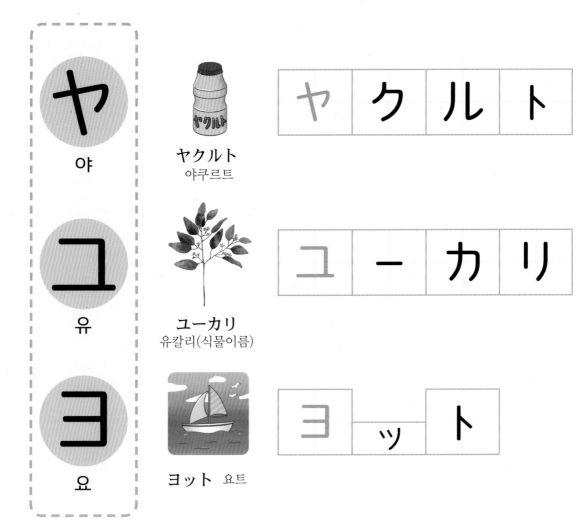

ヤ
야

ヤクルト
야쿠르트

| ヤ | ク | ル | ト |

ユ
유

ユーカリ
유칼리(식물이름)

| ユ | ー | カ | リ |

ヨ
요

ヨット 요트

| ヨ | ッ | ト |

✳ 다음 빈칸에 들어갈 글자를 보기에서 골라 써 넣으세요.

마이크

라임

| | ライ | |

야구르트

| | クルト | | |

요트

| | ッ | ト |

멜론

| | ロ | ン |

보기　ム ヤ ミ マ モ ユ メ ヨ

대걸레

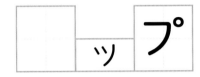
| | ッ | プ |

밀크

| | ル | ク |

유칼리

| | ー | カ | リ |

광고로 익히는 일본어

サクセス (발모제)

success = 영단어의 '성공'이란 뜻으로
발모가 성공하길 바라는 마음을 담았겠죠.

 행

⭐ 가타카나 발음은 히라가나와 같고 주로 외래어를 표기할 때 씁니다.

ラ
라

リ
리

ル
루

レ
레

ロ
로

ラーメン 라면

ラ	ー	メ	ン

リボン 리본

リ	ボ	ン

ルビー 루비

ル	ビ	ー

レコード 레코드

レ	コ	ー	ド

ロケット 로켓

ロ	ケ	ッ	ト

 행 ·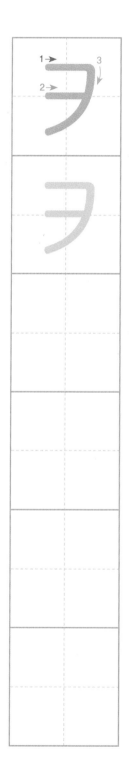

ワ
와

ヲ
오

ン
응

ワイン 와인

현대어에서
쓰이지 않음

ウォン 원

ワ	イ	ン

ヲ		

ウ		ン
	ォ	

광고로 익히는 일본어

サンテ コンタクト

렌즈전용안약 이름.

✱ 다음 빈칸에 들어갈 글자를 보기에서 골라 써 넣으세요.

리본

	ボ	ン

레코드

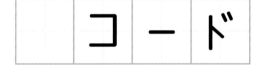
	コ	ー	ド

로켓

	ケ	ッ	ド

원

ウ	ォ	

루비

	ビ	ー

보기　ン　ワ　リ　ロ　ヲ　ラ　レ　ル

와인

	イ	ン

라면

	ー	メ	ン

광고로 익히는 일본어

となりのトトロ

우리나라에 '이웃집 토토로'로
소개된 미야자키 하야오 감독의
애니메이션.

131

탁음

 행

ガ	ギ	グ	ゲ	ゴ
ガ	ギ	グ	ゲ	ゴ

132

ガ
가

ガム 껌

ガ	ム

ギ
기

ギター 기타

ギ	タ	ー

グ
구

グラス 글라스

グ	ラ	ス

ゲ
게

ゲーム 게임

ゲ	ー	ム

ゴ
고

ゴキブリ 바퀴벌레

ゴ	キ	ブ	リ

행

ザ	ジ	ズ	ゼ	ゾ
ザ	ジ	ズ	ゼ	ゾ

ザ
자

ピザ　피자

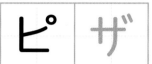

ジ
지

ジュース　주스

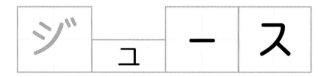

ズ
즈

チーズ　치즈

ゼ
제

ゼリー　젤리

ゾ
조

リゾート　리조트

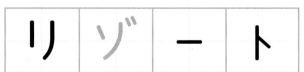

✳ 다음 빈칸에 들어갈 글자를 보기에서 골라 써 넣으세요.

기타

게임

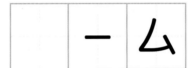

바퀴벌레

주스

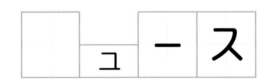

리조트

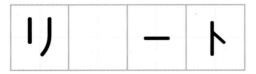

보기 ズ ゴ ザ ギ ガ ジ グ ゼ ゾ ゲ

껌

	ム

글라스

	ラ	ス

젤리

	リ	ー

피자

ピ	

치즈

チ	ー	

137

행

ダ	ヂ	ヅ	デ	ド
ダ	ヂ	ヅ	デ	ド

ダ だ

ダーツ 다트

| ダ | ー | ツ |

ヂ 지
| ヂ | |

ヅ 즈
| ヅ | |

デ 데

デパート 백화점

| デ | パ | ー | ト |

ド 도

ドーナツ 도너츠

| ド | ー | ナ | ツ |

행

バ	ビ	ブ	ベ	ボ
バ	ビ	ブ	ベ	ボ

バ
バ

バス　버스

バ	ス

ビ
비

ビール　맥주

ビ	ー	ル

ブ
부

ブランコ　그네

ブ	ラ	ン	コ

ベ
베

ベルト
벨트, 허리띠

ベ	ル	ト

ボ
보

ボール　공

ボ	ー	ル

확인학습　ダ・バ행

✳ 다음 빈칸에 들어갈 글자를 보기에서 골라 써 넣으세요.

다트

	ー	ツ

맥주

	ー	ル

도너츠

	ー	ナ	ツ

백화점

	パ	ー	ト

벨트, 허리띠

	ル	ト

142

보기 | **ビ ダ ベ ブ デ バ ド ボ**

공

	ー	ル

버스

	ス

그네

	ラ	ン	コ

광고로 익히는 일본어

ダブルソフト

ミミ(빵의 바깥 부분)도 なかみ(빵의 안 부분)도
부드럽게 구워져 있어서
'더블 소프트'라는 이름이 지어졌습니다.

행

パ ピ プ ペ ポ
パ ピ プ ペ ポ

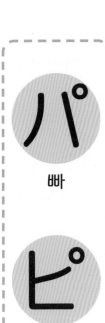

パ
빠

パンダ　팬더

| パ | ン | ダ |

ピ
삐

ピーマン　피망

| ピ | ー | マ | ン |

プ
뿌

プリン　푸딩

| プ | リ | ン |

ペ
뻬

ペン　펜

| ペ | ン |

ポ
뽀

ポケット　주머니

| ポ | ケ | ッ | ト |

✱ 다음 빈칸에 들어갈 글자를 보기에서 골라 써 넣으세요.

보기 プ ピ ペ パ ポ

펜

| | ン |

팬더

| | ン | ダ |

주머니

| | ケ | ッ | ト |

피망

| | ー | マ | ン |

푸딩

| | リ | ン |

광고로 익히는 일본어

*다음 상품은 어떤 이름일까요? 읽어보세요.

アジシオ

「アジツオ」='맛소금'

チーズ DE カルシウム

간식용으로 나온 치즈.
알사탕처럼 포장된 것이 재미있습니다.

ボンカレー ゴールド

불어로 ボン은 '좋다'는 뜻으로 '좋은 카레'
라는 뜻입니다.

ハミング

huming(콧노래를 부르다)이라는 뜻.
빨래가 끝났을 때 콧노래가 저절로 나오게
해주는 세제라는 것을 강조한 이름입니다.

キ	ャ	キ	ュ	キ	ョ
シ	ャ	シ	ュ	シ	ョ
チ	ャ	チ	ュ	チ	ョ

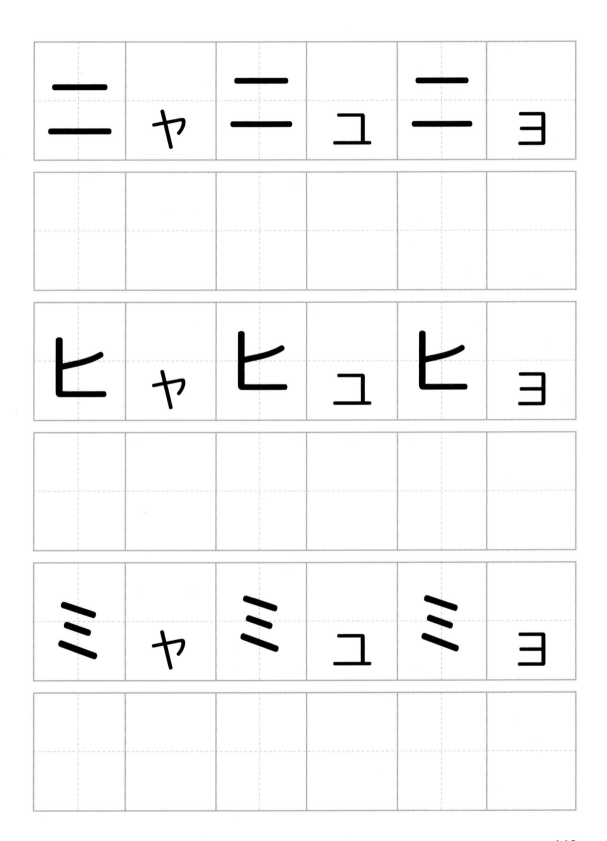

リャ リュ リョ

ギャ ギュ ギョ

ジャ ジュ ジョ

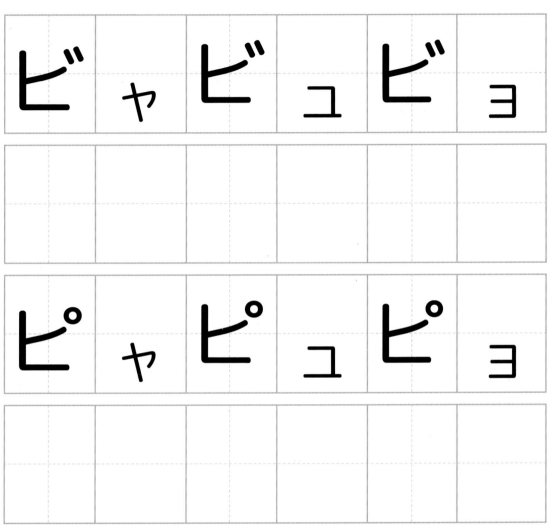

ビャ ビュ ビョ

ピャ ピュ ピョ

잘못 쓰기 쉬운 글자

ア	マ	ウ	ラ
シ	ツ	コ	ユ
ス	ヌ	セ	ヤ
ク	ワ	ル	レ
ソ	ン	シ	ミ

잘못 발음하기 쉬운 글자

ジュボン → ズボン (바지)

ボス → バス (버스)

ビール (맥주) : ビル (빌딩)

⭐ ツ를 반크기로 작게 써서 'ㅅ'과 같은 받침역할을 합니다.

ツ
ツ

ラッパ 나팔

ラ	ッ	パ

ラップ 랩

ラ	ッ	プ

コップ 컵

コ	ッ	プ

カッター 칼

カ	ッ	タ	ー

クッキー 쿠키

ク	ッ	キ	ー

クッション 쿠션

ク	ッ	シ	ョ	ン

04

연습문제

✳ 글씨본을 보면서 써 봅시다.

カメラ 카메라

カ	メ	ラ

エプロン 앞치마

エ	プ	ロ	ン

キリン 기린

キ	リ	ン

クッキー 쿠키

ク	ッ	キ	ー

ケーキ　케익

ケ	ー	キ

スプーン　숟가락

ス	プ	ー	ン

シャツ　셔츠

シ	ャ	ツ

ネクタイ　넥타이

ネ	ク	タ	イ

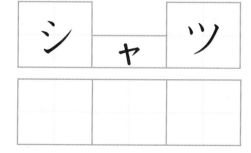

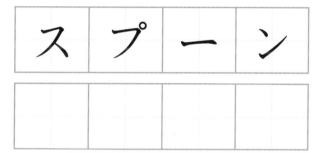

155

チキン 치킨

チ	キ	ン

ロケット 로켓

ロ	ケ	ッ	ト

テレビ 텔레비전

テ	レ	ビ

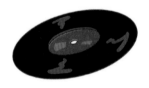

レコード 레코드

レ	コ	ー	ド

156

マイク 마이크

マ	イ	ク

ラーメン 라면

ラ	ー	メ	ン

ヨット 요트

ヨ	ッ	ト

ジュース 쥬스

ジ	ュ	ー	ス

157

순서 익히기

✻ 가타카나를 순서대로 읽으면서 선을 이어 보세요.

✱ 그림의 단어를 빈칸에 써 보세요.

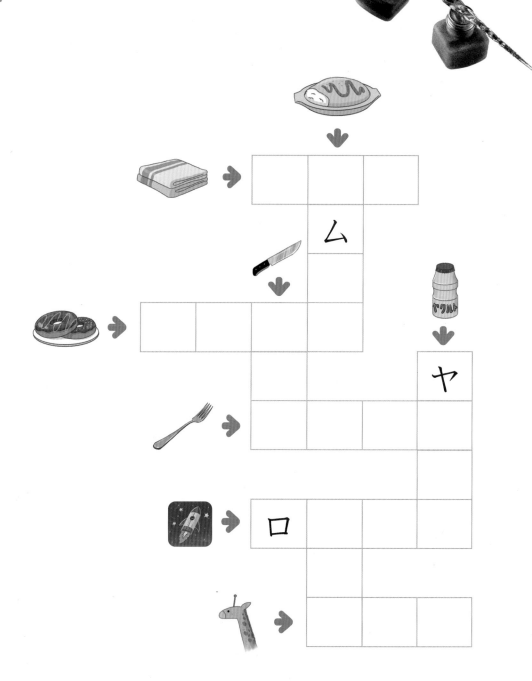

가타카나 바꾸기

✳ 다음 단어를 보고 가타카나로 바꾸어 써 보세요.

⭐ りぼん

리본

⭐ のーと

노트

⭐ ないふ

칼

⭐ たおる

수건

토마토

★ とまと

컵

★ こっぷ

밀크

★ みるく

멜론

★ めろん

영국

★ いぎりす

유칼리

★ ゆーかり

바퀴벌레

★ ごきぶり

오믈렛

★ おむれつ

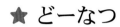

★ どーなつ

도너츠

★ かったー

칼

★ はんかち

손수건

★ うぃんく

윙크

잘못 쓰기 쉬운 글자

✳ 잘못 쓰여진 글자를 찾아 바르게 써 보세요.

예

| ラ | レ | ビ | | ラ | ➡ | テ |

카메라

| か | メ | ラ |

➡

기린

| キ | リ | シ |

➡

SALE

| セ | ー | る |

세일

➡

글라스

グ	ラ	ヌ

➡

와인

ワ	イ	ツ

➡

호텔

オ	テ	ル

➡

샐러드

セ	ラ	ダ

➡

소파

ソ　ラ　ァ　□

□　➡　□

포크

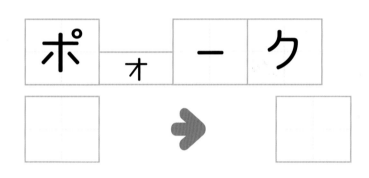

ポ　ォ　ー　ク

□　➡　□

오믈렛

ホ　ム　レ　ツ

□　➡　□

라면

テ　ー　メ　ン

□　➡　□

야쿠르트

や	ク	ル	ト

커피

ユ	ー	ヒ	ー

니코틴

ニ	コ	テ	ン

백화점

デ	パ	ー	ノ

167

＊ 다음 빈칸에 들어갈 글자를 보기에서 골라 써 넣으세요.

보기 **ガトタゼルゲザダラ**

	ム

껌

ベ	ル	

허리띠

	一	ツ

다트

 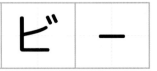

	ビ	一

루비

ピ

ー　ム

リ　ー

イ　ム

ギ　　ー

피자

게임

젤리

라임

기타

✳ 다음 빈칸에 들어갈 글자를 보기에서 골라 써 넣으세요.

보기　　エ タ ピ ケ ツ ヒ ド コ リ

ド ー ナ 　

도너츠

コ ー 　 ー

커피

　 プ ロ ン

앞치마

　 ゾ ー ト

리조트

넥타이

| ネ | ク | | イ |

피망

| | ー | マ | ン |

주머니

| ポ | | ッ | ト |

레코드

| レ | コ | ー | |

니코틴

| ニ | | チ | ン |

표 완성하기

＊ 다음 빈칸을 채워 가타카나표를 완성하세요.

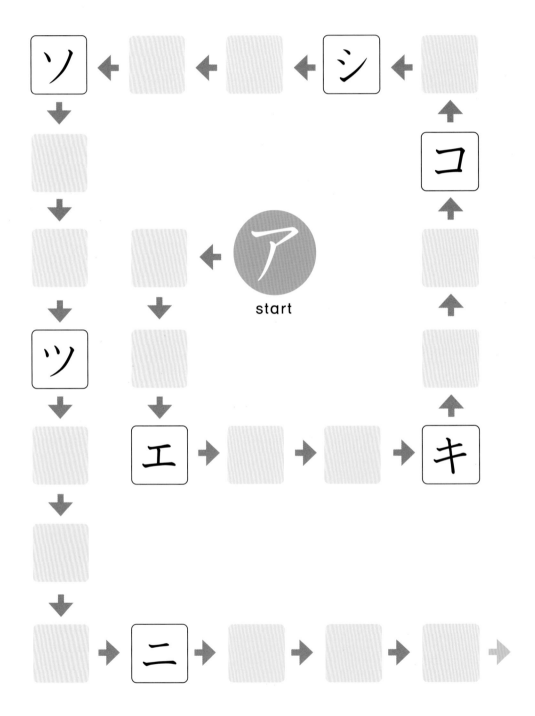

172

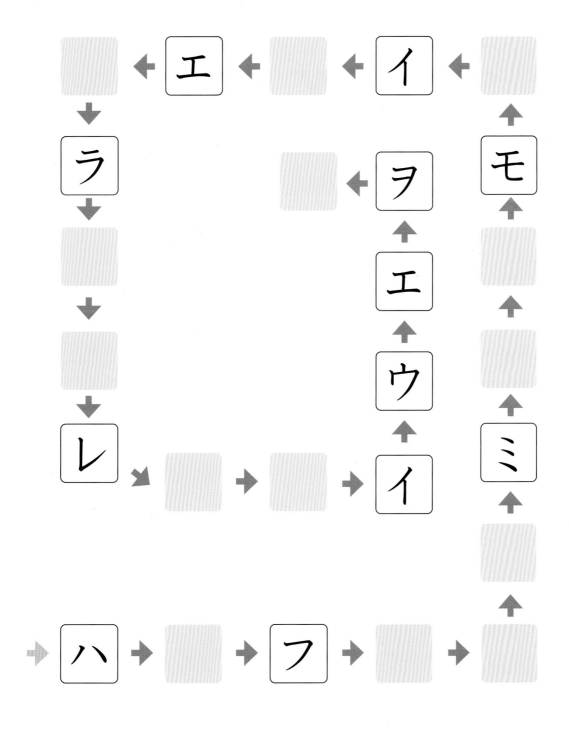

✳ 일본에 가면 흔히 볼 수 있는 간판이나 표시입니다.
글씨본을 따라 쓰고 발음해보세요.

SONY

ソ	ニ	ー

FamilyMart

ン	ァ	ミ	リ	ー	マ	ー	ト

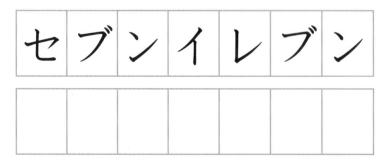

セ	ブ	ン	イ	レ	ブ	ン

글자 하나하나를
또박또박 읽도록
하세요!

McDONALD'S

マ	ク	ド	ナ	ル	ド

DOUTOR
Fresh quality coffee

ド	ト	ー	ル

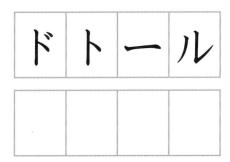
baskin BR robbins

サ	ー	テ	ィ	ワ	ン

175

NEW
\ 재미있는 일본어 글자쓰기 /

ひらがな ちゃん
カタカナ くん

히라가나짱 가타카나군

개정2판2쇄 / 2024년 4월 15일

발행인 / 이기선
발행처 / 제이플러스
주소 / 경기도 고양시 덕양구 향동로 217 KA1312
영업부 / 02-332-8320
편집부 / 02-3142-2520
등록번호 / 제 10-1680호
등록일자 / 1998년 12월 9일
ISBN / 979-11-5601-230-6
illustration Designed from flaction

값 12,000원